AF245393

SOCIÉTÉ DE GÉOGRAPHIE DE LISBONNE

LES CHAMPS D'OR

(AFRIQUE PORTUGAISE)

PAR

A. P. PAIVA E PONA, M. S. G. L.

MÉDECIN NAVAL

Traduit du «Bulletin de la Société de Géographie»

PAR

ANTONIO DE PORTUGAL DE FARIA, M. C. S. G. L.

Vice-Consul de Portugal à Cadix
Délégué de l'Alliance Scientifique Universelle à Cadix
Membre des Sociétés de Géographie de Paris et de Madrid
etc.

LISBONNE
Imprimerie de l'Académie Royale des Sciences
1891

LES CHAMPS D'OR

Au commencement de ce siècle, la Hollande était un royaume napoléonien; et il nous semble que cette circonstance est la cause pour laquelle le cabinet de Londres, qui avait déclaré guerre à outrance au César Français, fit occuper par des troupes britanniques les richissimes possessions hollandaises.

Ainsi le Cap de Bonne-Espérance, d'abord occupé provisoirement, fut, en 1808, définitivement annexé.

En même temps, lord Minto, dans les Indes orientales, ordonnait l'occupation successive des îles de l'immense archipel malais, et soutenait encore, en 1811, dans l'île de Java, une guerre acharnée, destinée à faire sombrer la domination coloniale du peuple hollandais.

Le congrès de 1815 restitua à la Hollande ses colonies de l'Extrême-Orient. La colonie du Cap de Bonne-Espérance resta oubliée. Ce fut ainsi que l'Angleterre s'établit dans l'Afrique australe.

De nombreux colons hollandais, animés de ce même esprit d'indépendance qui avait poussé leurs ancêtres, deux siècles auparavant, à émigrer de l'Europe pour se soustraire à l'intolérance religieuse, résolurent d'abandonner la colonie.

Le mouvement, parti de Graaff Reynet, s'étendit à tous les autres points de la possession. Alors s'offrit au regard de l'histoire le singulier spectacle d'un grand nombre de familles s'éloignant, avec tous leurs troupeaux et leurs biens, à la recherche de régions où elles pussent replanter leur souche patriarchale.

Ces «tracks» sont parfois signalés par de cruelles déceptions, quand internés dans des charniers dévastés, les bétails s'étiolent et meurent de disette. Rétrogradant alors, ces familles infortunées abandonnent leurs membres les plus chers et les plus faibles, leurs femmes et leurs enfants, protégeant de leurs corps lassés la déroute décourageante du reste du *clan*.

D'autres fois, les tribus du pays, descendant aux vallées verdoyantes du Stormberg, assiègent le campement. Les femmes succombent en combattant aux côtés de leur maris, et les enfants tombent écrasés sous les roues des chariots qui formaient l'enceinte du «laagger».

Quand ils ne meurent pas dans ces combats, ils meurent victimes de la perfidie des zoulous. Retief et ses compagnons subissent ce sort: ils sont égorgés à Weenen, dans la vallée de Tugela, par les soldats du roitelet Dingana, qui avait attiré les émigrants par de lâches et fallacieuses promesses.

Ainsi naquit la république du Transvaal, couverte de langes ensanglantés par ses fils, pauvre, ayant pour guides la Foi et la Bible qui avaient jadis franchi les océans en compagnie de leurs ancêtres.

Poursuivies par ceux qui s'étaient approprié le sol qu'ils occupaient, repoussées par les sauvages, les familles boërs erraient au sud de l'Afrique, comme la Ruth biblique glanant sa nourriture et celle de ses enfants.

Un jour, cependant, on trouva des diamants à Du Toits Pan (Kimberley) et par tout le Transvaal on annonçait l'existence de l'or.

La Californie était épuisée, l'Australie devenait un fonds immense. Tous les affamés d'or se précipitèrent en foule vers l'Afrique australe.

L'Angleterre, qui avait toujours porté un grand intérêt sur ceux qu'elle continuait à appeler des vassaux de la couronne britannique, profita d'une occasion où l'Europe avait concentré son attention sur l'Orient, pour charger sir Shepstone de déclarer abolie et annexée la république sub-africaine.

Perdus à l'intérieur de l'Afrique, complètement isolés de la mère-patrie, les boërs avaient acquis cette énergie sauvage et salutaire qui leur a sauvegardé l'indépendance.

La surprise ne recueillit pas les résultats attendus; mais l'Europe, dès lors, eut connaissance que non seulement le Transvaal, mais toute la région au nord du Limpopo jusqu'à la rencontre du Zambeze contenait de richissimes gisements d'or.

C'est dans cette vaste étendue de terrain qu'est compris le Machona (Mashonaland); et comme, pour arriver au Zambéze, l'Angleterre ne peut aujourd'hui passer au-dessus du Transvaal, elle met à profit, dans cette vue, un traité fait avec Lobengula, roitelet des Matabelles, qui fait de Gubulavaio le centre des ravages exercés par lui d'un côté dans le Bamanguato et de l'autre dans le Machona, dont il asservit les pauvres et inoffensifs habitants.

Voyons comment:

L'Angleterre, établie depuis seulement soixante ans dans l'Afrique australe, ne saurait contester le droit de la nation qui, depuis quatre siècles, a exploré par mer et par terre les régions qu'elle occupe dans cette même Afrique.

Alors que fait-elle? Elle met en avant cet argument: que c'est l'occupation qui engendre le droit à la possession d'un territoire. Nous réoccupons le district du Zumbo: elle proteste.

Un allié de l'Angleterre met à sac et asservit (avec des armes anglaises) les habitants de Machona. Le Portugal s'étonne naturellement de cette manière d'agir. Mais l'Angleterre de mettre en jeu une protestation, prétendant avoir droit à ce pays incursionné — qu'elle n'a jamais occupé.

Notons que la création du district du Zumbo, qui donna lieu à la note adressée le 21 novembre dernier par le marquis de Salisbury au ministre anglais à Lisbonne, n'était autre chose que la continuation de notre action administrative séculaire dans cette région du Zambèze dont il s'agit.

Ce n'est là, ni plus ni moins, qu'exercer le droit de faire chez nous ce que la constitution du pays autorise et ce que recommande l'intérêt de la totalité ou d'une grande partie de la nation. C'est faire dans nos colonies exactement ce que nous faisons dans le continent, lorsque nous séparons une commune d'entre les autres, pour la rendre autonome.

Toute nation est libre de partager et subdiviser son territoire suivant les formes qu'elle croit nécessaires et convenables à son administration.

Nous autres, nous ne nous arrogeons point de droits à des territoires que nous n'eussions jamais occupés antérieurement, ou dont la connaissance ne remonterait pour nous qu'à un très petit nombre d'années.

Le droit qui nous soutient toujours, se fonde justement sur une occupation de territoires séculaire, occupation qui parfois s'est moins accusée, mais ne s'est jamais totalement évanouie.

Il n'est pas juste de prétendre dépouiller une nation qui, depuis quatre siècles, a continuellement parcouru la côte et exploré des *sertões* impraticables au prix d'innombrables existences, conquérant ainsi à la civilisation une considérable partie du continent noir.

Il y a des gens pour traiter de dérisoire l'addition de documents tendant à justifier les prétentions à la possession d'un territoire.

Il peut en être effectivement ainsi, quand ces titres consistent en des traités avec quelque roitelet brutal et féroce, à qui on veut attribuer la qualité de souverain sur des territoires que sa tribu connaît seulement depuis un demi-siècle.

Néanmoins, quand on compte pour documents non pas quelques simples affirmations de droit, mais des preuves d'un travail supporté pendant des siècles pour amener ces territoires à la communion de la civilisation européenne, il vaut bien la peine de fouiller les archives et de feuilleter les livres poudreux des bibliothèques, afin de mettre en lumière des faits si intéressants pour l'histoire de l'humanité.

C'est pourquoi nous allons essayer de rappeler dans une courte esquisse les travaux d'exploration accomplis par les portugais dans la province de Mozambique et spécialement dans les champs d'or du Mashona et du Macalaca; car ce furent exactement les mines de ces territoires qui déterminèrent l'organisation de la première expédition portugaise à l'intérieur du Zambèze vers le milieu du seizième siècle.

Le siècle précédent, ce grandiose quinzième siècle qui vit naître un mouvement d'audacieuse entreprise dont résulta un si grand essor pour le génie de l'homme, s'ouvrit en Portugal par les découvertes dues à la ténacité et à l'esprit hardi et entreprenant de l'immortel infant Dom Henrique.

Le passage du Bojador par Gil Eannes, en 1434, fut la première étape dans cette brillante voie que le zèle des portugais parcourut, d'une manière ininterrompue, jusqu'aux extrêmes confins de l'orient.

Dom João II, l'habile continuateur de l'œuvre de l'infant, laissait, lorsqu'il mourut, une flotte déjà équipée et prête à partir pour l'Inde, ce pays merveilleux dont ses envoyés lui avaient apporté d'amples informations. On sait que ces envoyés avaient été s'informer, pour lui, de l'existence et de la situation de l'empire du Prêtre Jean des Indes, personnage légendaire, revêtu d'un caractère semi-monarchique et semi-sacerdotal, si célèbre dans ces âges-là, et dont on racontait en Europe des choses extraordinaires.

Pero da Covilhã, le précurseur de Vasco de Gama dans l'Inde, avait été à Sofala et y avait vu l'or des mines du Monomotapa que les arabes trafiquaient.

Et c'est ainsi que le Portugal reçut la première nouvelle de l'existence abondante du métal précieux à l'intérieur de la province de Mozambique.

Au commencement de l'année 1498, après avoir passé au de là du fleuve l'Infante (Great Fish River) dernier point où s'était avancé Bartholomeu Dias[1], et après avoir découvert la terre à laquelle il donna le nom de Natal, Vasco de Gama, qui cherchait la route de l'Inde, ne s'arrêta qu'en trois points de la côte de Mozambique.

Il fit aiguade dans la terre de Boa Gente, un peu au nord de la baie de Lourenço Marques, et dans le fleuve des Bons Siguaes ou fleuve de Quelimane, un des bras du Zambèze; et le 2 mars il découvrait l'île de Mozambique.

Se dirigeant ensuite, entre l'île de Zanzibar et le continent, vers Mombaça et Melinde, il parvenait à faire la traversée de l'océan indien.

Affonso de Albukerque, en 1506, charge Vasco Gomes de Abreu d'edifier la première forteresse à Mozambique, au lieu où fut fondé, depuis, l couvent de São Paulo (aujourd'hui palais do gouvernement). Cette forteresse fut substituée par l'actuelle, de São Sebastião, que fit construire le grand Dom João de Castro en 1515.

Sancho de Toar, un des officiers de Pedro Alvares Cabral, aborde pour la première fois à Sofala en 1501.

Sofala, par son importance commerciale, captive bientôt l'attention des portugais. Ils y élèvent une forteresse en 1505. Pero de Anhaya est choisi pour en être le capitaine, et est nommé chef de tous nos établissements de la côte orientale d'Afrique.

---

[1] «La nuit suivante nous fûmes en panne, parce que nous étions à la hauteur du fleuve de l'Iffante, c'est à dire de la terre la plus reculée qu'avait découverte Bertolameu Diz.» — Alvaro Velho, *Itinéraire du voyage de Vasco du Gama*, publié par Alexandre Herculano et le baron de Castello de Paiva.

Lourenço Marques explore longuement la baie de Lagoa récemment découverte, et connue aujourd'hui sous le nom de ce navigateur.

En un mot, les caravelles portugaises, à l'aller et au retour de l'Inde, parcourent divers points de la côte comme ports d'escale.

Parfois les lamentables naufrages des richissimes navires le l'Inde engloutissent, ensemble avec ces trésors, de précieuses notions sur les plages de notre possession naissante.

De tels désastres creusent dans l'âme d'un peuple de marins un douloureux sillon, que le temps a toujours été impuissant à combler.

Alors le rude marinier trace dans les feuillets sublimement simples de l'Histoire tragico-maritime, les impressions ineffaçables qui hantent sa mémoire, touchant les tristes événements où il s'est vu mêlé.

Le poëte astreint à son langage rythmé l'émouvante narration de faits dont la postérité ne se souviendra qu'avec une poignante tristesse.

Les ombres de Sepulveda, de Dom Paulo de Lima, planent dans l'histoire de notre épopée indienne, imprimant une note de tristesse aux fêtes éclatantes qui étourdissaient Lisbonne, alors que cette ville était à l'apogée de la splendeur et de l'opulence.

Avant la fin du seizième siècle, les portugais avaient donc une minime connaissance de cette côte.

Les résultats de toutes les observations faites furent recueillis par Manuel de Mesquita Perestrello dans son *Itinéraire des ports, routes marines, hauteurs, caps, reconnaissances, abris et profondeurs sondées qu'il y a le long de la côte, depuis le Cap de Bonne Espérance jusqu'à celui des Correntes*, recueil dédié par l'auteur au roi Dom Sebastião, en 1575. Ce traité apparut imprimé dans l'*Arte de navegar* (art de naviguer) de Manuel Pimentel en 1681, et fut traduit en français par Manevillette dans la magnifique collection du *Neptune Oriental*.

En même temps que la côte était ainsi étudiée et connue, les portugais pénétraient dans l'intérieur.

A cette époque, deux mobiles déterminaient les portugais à s'élancer outremer: c'était tantôt la ferveur dans la propagation de la foi, tantôt l'ambition démesurée des richesses.

De nos jours, où les voyages maritimes sont si commodes et si rapides, où de confortables paquebots de six et de sept mille tonnes nous transportent vitement d'une extrémité à l'autre du globe, il est difficile de comprendre qu'à moins d'une impulsion prodigieusement forte, il y eût alors des hommes qui, montés sur des nacelles de cinquante, cent ou tout au plus deux cent tonnes, osassent s'aventurer sur des océans vierges des efforts de l'homme, bravant les courants les plus forts et les orages les plus effrayants.

Les richesses énormes qui venaient de l'orient, les articles que le Portugal lançait dans le commerce, firent dériver de Venise—la reine opulente de l'Adriatique—le grand mouvement commercial, et firent de Lisbonne le plus riche marché de l'occident.

Déjà la Perse nous envoyait les perles de Baharem; l'Inde, ses piments et les rubis, les diamants de la Golconde et du Vijapor; Ceylan, la canelle; les Moluques, leurs myrtes: mais l'Afrique orientale retenait encore son or, et la hardie métropole ne tarda pas à le convoiter.

Ce fut là le motif qui amena le gouvernement de Portugal à organiser une expédition militaire pour la conquête des mines d'or du Monomotapa, existantes précisément dans les territoires qui sont aujourd'hui un objet de litige, parce que l'Angleterre y prétend exercer son influence.

Nous voulons parler de l'expédition de Francisco Barreto.

Il est juste, toutefois, de rappeler auparavant le nom du prêtre Gonçalo da Silveira, le protomartyr de la foi et de la civilisation portugaise dans l'Afrique orientale. Fils du comte da Sortelha, il dédaigne la brillante carrière que la fortune et la considération de sa famille lui offraient, pénètre sans armes dans l'intérieur du Monomotapa en 1560, et est massacré dans le Zimbaué par les maures, les éternels ennemis des portugais, jaloux de l'influence qu'il exerçait sur les dignitaires noirs du potentat africain.

Le prêtre Antonio Fernandes, sur l'ordre de cet infortuné héros qui était son compagnon, pénètre plus avant dans l'intérieur du continent noir, et, accompagné de quatre cafres, arrive jusqu'à la capitale de l'Otongue, parcourant trente lieues à travers la région du Munhay ou Mocranga, noms par lesquels les portugais désignaient alors ordinairement cette région[1].

L'ardeur religieuse avait donc son premier martyr. La convoitise de l'or en réclamait un: elle l'eut. Ce fut Francisco Barreto, qui succomba, victime de haines et d'intrigues.

Pendant les premières années de l'occupation de la côte africaine, le Portugal avait maintenu les bonnes relations et le commerce de la capitainerie de Sofala et Mozambique avec les peuples de l'intérieur.

Comme il s'aperçut, cependant, que la possession immédiate et directe des mines du Monomotapa lui fournirait de grandes ressources pour la sustentation de l'état de l'Inde, il résolut d'établir un nouveau gouvernement dans l'intérieur du pays.

Aller rechercher dans l'intérieur un chemin pour les mines, loin de la protection des établissements de la côte, à travers des populations nombreuses et peut-être hostiles; s'emparer de ces territoires enviés, et y asseoir la domination portugaise, c'étaient là des entreprises qui apparaissaient hérissées de difficultés même aux regards des plus audacieux.

Aussi était-il nécessaire d'organiser une expédition qui en imposât aux indigènes, et de choisir un chef dont les qualités garantissent le succès de l'entreprise.

Or Francisco Barreto était un homme à la hauteur de la situation: il unissait en lui l'autorité du nom à un entendement droit, que fortifiait l'expérience des affaires.

Dans l'Inde, où il avait été gouverneur depuis 1555 jusqu'en 1558,

---

[1] L'abbé Francisco de Sousa: *Oriente conquistado*, Lisbonne, 1710:—conq. 1, div. 11, § 25.

il avait illustré son administration par de sages mesures promulguées en vue du bien de l'État, et par l'habileté qu'il avait apportée à résoudre diverses négociations avec les rois voisins.

Son courage avait été éprouvé par de nombreux combats: on le vit surtout éclater brillamment lorsqu'il repoussa les forces d'Idalcão qui, très nombreuses d'infanterie et de cavalerie, étaient descendues de Belagate jusqu'aux terres de Salcete et de Bardez, et menaçaient Goa.

Barreto, qui était à Baçaim, accourt aux appels de la ville en danger; indomptable dans sa bravoure, il force le passage de Durnbate, inflige une défaite à l'ennemi dans les plaines de Ponda, et le met en complète déroute.

Le gouvernement portugais le chargea donc de l'exécution de ses projets. Il lui donna le titre de gouverneur du Monomotapa et de conquérant de ses mines; il mit sous ses ordres trois navires, le faisant capitaine de l'un deux, et donnant Lourenço de Carvalho et Vasco Fernandes Homem pour capitaines aux deux autres. Ces trois navires portaient mille hommes d'armes, sans compter bon nombre de cavaliers illustres, de ceux-là qui aimaient à accompagner toutes les flottes sortant de Lisbonne, pour aller à la recherche de la fortune dans l'Inde.

Arrivé à Mozambique, Barreto s'adjoignit encore quelques hommes; et, convenablement muni de barques, de quelque artillerie, de chevaux, de chameaux et d'autres bêtes de transport, il remonta de Zambèze par le bras du Quelimane, et alla s'établir à Senna.

Mettant à profit la sagacité qu'on lui savait, il saisit l'occasion des différends survenus entre le Monomotapa et le roi de Mongas, son vassal, s'offrant au souverain pour aller châtier le rebelle, et demandant en même temps qu'il lui fût permis de passer aux mines de Manica et d'Abutua.

Le souverain de Monomotapa fut sensible aux offres de Barreto et promit de l'aider avec cent mille hommes. Mais le capitaine, confiant d'ailleurs dans l'excellence de ses forces, refusa prudemment ce renfort.

Il sortit de Senna, et suivant presque toujours la ligne du Zambèze, il s'avança dans la direction de la ville de Mongas, au délà des crêtes de Lupata.

Lorsqu'il fut entré dans la ville et qu'il eut vaincu la foule innombrable qui lui disputait le passage, Barreto, laissant le commandement à Vasco Fernandes Homem, retourna à Mozambique afin d'apaiser les discordes qui s'y étaient élevées.

Quand il revint à Senna, il mourut au bout de deux jours, des suites passionnées du chagrin que lui causèrent les invectives de Monclaros, par qui il était accusé d'avoir sacrifié trop d'existences dans l'expédition.

Faria e Sousa, en terminant la narration de ces événements, ajoute ces mots:

«Dom Sebastião accueillit ses dépouilles par de royales funérailles; et cette vie qui avait échappé à tant de balles parmi les indiens, à tant de flèches et de dards parmi les cafres, et aux astuces d'un traître, succomba à l'insolence d'une voix religieuse.»

Son mestre-de-camp, Vasco Fernandes Homem, lui succéda dans sa charge. Sofala devint son point de départ; et il se dirigea, à travers le Quiteve, vers les mines de Manica, dans le royaume de Chicanga.

Là, il assista aux procédés primitifs de l'extraction de l'or; et attiré par la renommée de certaines prétendues mines d'argent existantes dans le Chicova, sur les rives du Zambèze, au nord de Manica, il prit cette direction.

Les cafres, pour abuser les portugais, plaçaient çà et là quelques insignifiants lingots d'argent. Le gouverneur, découragé et à bout de munitions, partit pour chercher des subsides, laissant là le capitaine Antonio Cardoso de Almeida avec deux cents hommes.

«Quand Vasco se fut éloigné, dit encore le chroniqueur, les cafres vinrent dire à Cardoso que puis qu'ils ne trouvaient pas en ce lieu la veine argentifère, ils iraient la montrer à tous les siens; et, ayant conduit Cardoso et ses hommes par des chemins qui ne menaient pas aux mines, mais à la mort, ils les égorgèrent tous jusqu'au dernier.»

Ces faits, que nous rapportons succinctement, se passèrent entre les années 1569 et 1576.[1]

Comme on voit, les résultats ne justifièrent pas l'espoir que le gouvernement portugais avait fondé sur cette affaire. Toutefois, cette expédition accomplie, à trois siècles de nous, au cœur de l'Afrique, est très caractéristique.

Francisco Barreto avait établi deux forts dans le Zambèze: celui de São Marçal de Senna et celui de Tete. Le Monomotapa négocie de la même manière avec les portugais, qui parcourent son territoire en tous sens, exerçant une influence de plus en plus prépondérante sur le Zimbauê du souverain cafre. Quiteve, défait, s'était accordé avec Barreto pour consentir à l'exploration des champs aurifères.

Le gouvernement de la métropole continua donc à avoir en vue l'affaire des mines d'or. C'est ce dont témoignent les documents de l'époque.

Dans une lettre datée du 20 mars 1591, le cardinal Alberto, écrivant au nom du Roi à Mathias de Albukerque, vice-roi de l'Inde, lui dit: «... j'avais mandé au vice-roi Dom Duarte de Menezes,—que Dieu pardonne—, par lettre du 12 février 1587, que tant que je ne ferais pas prendre de résolution touchant la conquête des mines du Monomotapa ou le traitement du commerce de ces forteresses, on en observât les réglements que le Roi Dom João III, mon maître, que Dieu garde, fit donner à Vicente Peguado qui en fut capitaine, afin que, en confor-

---

[1] Manuel de Faria e Sousa, *Asia portugueza*, tome II, Lisbonne, 1674, pag. 596 et suivantes.—L'ouvrage de Faria e Sousa a été traduit en anglais sous le titre suivant:—*The portuguese Asia; or, the History of the discovery and conquest of India by the portuguese written in Spanish by Manuel de Faria and translated into English by John Stevens, London. 1695.*

L'abbé Prescot, dans son *Histoire générale des voyages*, Paris, 1749, inclut dans le tome XVIII une relation de expédition de Francisco Barreto. Le rapport de cette expédition a été publié par la *Société de Géographie*, dans son *Bul.* 1re série, ps. 192, etc.

mité avec eux, on fit l'échange des marchandises qui devaient être échangées pour le compte de mes finances.» [1]

'C'est vers cette époque que le gouvernement s'informe, par le vice-roi de l'Inde Dom Duarte de Menezes, de l'utilité qu'il y aurait dans la conservation des forts de Senna et de Tete:

«Et ainsi je suis informé que sur les rives du Cuama sont restés deux forts ou postes du temps où Francisco Barreto alla à la conquête des mines du Monomotapa, dans lesquels se réfugient quelques personnes; et comme il me conviendra d'examiner l'utilité de ces postes, ainsi que de statuer s'ils doivent se conserver ou non, afin qu'il ne s'y introduise point de chose que l'on soit obligé d'y laisser ensuite, je vous recommande de vous informer de ceci et de tout me relationner très particulièrement, en l'accompagnant de votre opinion.» [2]

En même temps que l'on songeait à assurer l'exploitation des bords du Cuama, on s'occupait avec une égale activité du trafic de l'or. Dans une lettre royale du 31 mars 1593, ou disait au vice-roi de l'Inde: «j'ai résolu de faire rédiger la provision qui va par ce même courrier, parce qu'il est de mon bon plaisir que, dès sa publication dans ces contrées, on ouvre aussitôt les trafics d'or de la forteresse de Cofala, des fleuves et des ports où on l'a trafiqué jusqu'ici, afin que toutes les personnes, de quelque qualité et condition qu'elles soient, puissent aller le trafiquer, en payant à mon trésor le cinquième de toute la valeur d'or ou d'argent qu'ils recueilleront; et, afin de réserver aux capitaines de ces forteresses certaines choses dont ils puissent tirer profit et utilité, il me plaît de leur réserver pour eux seuls le trafic de tout l'ivoire, de toute l'ambre, de tous les coudrans et matières filamenteuses de ces régions; ils pourront acquérir toutes ces choses sans payer pour elles aucun droit à mon trésor, et il leur sera attribué la dixième partie de tous les cinquièmes d'or qui seront perçus pour mes finances; et, en vue de ce mode de trafic et de commerce général, il me convient d'ordonner l'établissement d'une administration douanière dans la forteresse de Mozambique, où l'on paiera un droit de six pour cent sur tous les articles qui entreront dans le port et qui y viendront, comme cela se pratique déjà, vis à vis de mon trésor, dans toutes les autres douanes de cet état, que ces articles soient du capitaine et des officiers de ladite forteresse ou de toute autre personne qui y viendrait; il me plaît que toutes les marchandises entrent dans ladite douane, qu'elles y soient dépêchées et scellées, et en soient retirées moyennant les droits que je prescris; que les marchandises privées du sceau de ladite douane soient considérées comme perdues, que lesdits cinquièmes d'or soient payés dans ladite douane, et qu'ils soient chargés en recette sur l'intendant de la forteresse de Mozambique, qui fera, en même temps, office de juge de cette douane; la dite recette sera faite par l'écrivain de la dite intendance, qu'il me plaît de nommer aussi

---

[1] Joaquim Heliodoro da Cunha Rivara, *Archivo portuguez oriental*, fascicule III, pag. 316. Nova Goa, 1861.
[2] *Archivo portuguez oriental*, fascicule III. pag. 124.

écrivain de l'administration douanière, comme il est statué plus amplement dans les termes de la provision ci-jointe.

«Il reste bien entendu, toutefois, que vous m'aviserez de votre opinion, s'il vous paraît que je fais ici aux capitaines des concessions trop larges, ou qu'au contraire elles sont insuffisantes et qu'il convient de leur en faire davantage; cependant j'entends que l'on applique aux trafics de ladite forteresse toutes les prescriptions de ma provision, à laquelle vous ferez immédiatement donner exécution sans doute ni empêchement aucun.» [1]

Il y avait un siècle que nous avions jeté l'ancre sur les côtes de Mozambique; le commerce prospérait déjà dans les fleuves; et nos efforts pour nous établir dans l'intérieur étaient satisfactoirement couronnés.

Une incursion des Muzimbas vint néanmoins jeter quelque émoi dans nos établissements du Zambèze.

Au delà du Tete, sur l'autre rive du Cuama, il y avait deux nations de Cafres: l'une était celle des Mumbos, l'autre celle des Zimbas, ou Muzimbas.

Les portugais, pour s'y établir, protégeaient ceux qui leur témoignaient un accueil favorable. Ainsi, voyant qu'un cafre était opprimé par un voisin plus puissant, ils passèrent le fleuve dans la direction de Chicaronga, et forcèrent le chef Mumbo à reconnaître l'autorité portugaise.

Les vainqueurs revinrent à Tete, amenant avec eux beaucoup d'esclaves des Mumbos, qui étaient sur le point d'être dévorés par ces cannibales.

En 1592, Muzimba, autre chef cafre que l'exemple du Mumbo n'avait pas corrigé, osa attaquer un autre cafre allié des portugais dans le voisinage de Tete. Le gouverneur de Senna, André Santiago, prenant loyalement le parti de son protégé, se mit en campagne avec l'aide du gouverneur de Tete.

Les portugais, égarés à beaucoup de lieues de la côte, ayant épuisé leurs munitions de poudre, les seuls susceptibles de tenir en respect l'innombrable foule des sauvages, furent massacrés. Avec eux succomba, combattant avec vaillance dans les rangs des soldats, Fr. Nicolau do Rosario.

C'était au prix de flots de sang que nous pénétrions dans l'intérieur. Ce sang portugais, versé il y a trois siècles pour soustraire l'Afrique au joug de la barbarie, vaut bien plus que toutes les incursions de ces voyageurs modernes, de ces aventuriers qui à l'ombre de notre drapeau ont parcouru l'intérieur africain pour nous intriguer ensuite aux yeux de l'Europe.

L'année suivante (1593), le gouverneur même de Mozambique, Dom Pedro de Sousa, marcha contre le Muzimba avec deux cents portugais et mille cinq cents cafres. Il parvint à cerner le Muzimba et à le réduire à la capitulation; mais, se départissant de l'extrême vigi-

---

[1] *Archivo portuguez oriental*, fascicule III, pag. 391.

lance indispensable envers ces peuplades, il se laissa surprendre, et dut se retirer avec perte de gens et de munitions. [1]

Dans les documents officiels de l'époque, le chef muzimba, dont parle João dos Santos, est désigné par son nom de Tondo.

En Portugal, on suivait avec intérêt ces événements, et l'on recommandait au vice-roi de l'Inde, dont dépendait l'état du Mozambique, la plus grande attention pour les faits qui s'y produisaient.

La première alarme relativement aux affaires du Zambèze se rencontre dans le document que voici:

«Comte Amiral, vice-roi, ami. Mathias de Albukerque m'a écrit que, par lettres de Dom Pedro de Sousa, capitaine des forteresses de Sofala et Mozambique, il avait su que ce capitaine était sur les bords du Cuama avec près de quatre vingts soldats de ceux qu'il avait emmenés avec lui, pour chasser de ces terres, à main armée, un nègre qui y entravait le commerce; c'est pourquoi je vous recommande que, quand vous passerez par la forteresse de Mozambique, vous vous informiez de l'état de cette guerre et y laissiez des ordres sur la ligne de conduite à suivre, ou bien que, si vous n'allez pas à Mozambique, vous arrêtiez à ce sujet, aussitôt arrivé dans l'Inde, les dispositions que vous jugerez les plus convenables.» [2]

Dans une autre lettre, du 21 novembre 1598, il était dit au même comte Amiral:

«Et ainsi vous me dites que vous vous êtes enquis, à Mozambique, du résultat de la guerre que Dom Pedro de Sousa, capitaine de Sofala, a été faire au cafre Tondo pour le bouter hors et loin des rives du Cuama; et que vous avez été informé de ce que, dans la rencontre, qu'il eut avec ce nègre, il se retira subissant une perte de soldats et d'artillerie.» [3]

En vue de ce désastre, Nuno da Cunha ayant demandé à aller venger les établissements portugais, on l'envoya de l'Inde, avec des renforts pour ravitailler et munir les forteresses du Zambèze, et la nomination à la capitainerie de Sofala.

Dans la lettre royale adressée au même comte Amiral en 1598, le 21 novembre, on lit: «Vous me dites aussi que les forts de Cena et de Tete sont importants, et qu'ils ne sont pas fortifiés, mais que vous enverrez tantôt à Nuno da Cunha les choses nécessaires pour les pourvoir comme il convient, et qu'il vous demandait l'autorisation d'aller infliger un châtiment à Tondo.» [4]

Effectivement, Nuno da Cunha sut repousser les aggressions des Muzimbos, et Tondo, renonçant à la fin à poursuivre la guerre contre les portugais, se dirigea vers le nord, à la tête d'une horde de milliers de combattants, dévastant toutes les terres sur son passage. Après

---

[1] Frère João dos Santos: *Ethiopia Oriental*, Evora, 1609. — Un résumé de cet ouvrage a été publié en français par Gaetan Charpy, sous ce titre: *Histoire de l'Ethiopie Orientale, traduite du portugais de João dos Santos*, Paris, 1864.

[2] *Archivo oriental*, fascicule III, pag. 583, lettre à Dom Francisco da Gama, écrite à Lisbonne le 28 janvier 1596.

[3] *Archivo oriental*, fascicule III, pag. 918.

[4] *Archivo oriental*, fascicule III, pag. 927.

avoir été assiéger Quiloa et Mombaça, il échoua à Melindre, dont il prétendait s'emparer.

Dès la fin de la guerre, le vice-roi Mathias de Albukerque faisait réparer le fort de Senna, et le faisait mettre en état de résister aux incursions futures. Et comme le commerce se trouvait maintenant rassuré, on concentrait de nouveau l'attention sur les mines d'or. Le même vice-roi réglementait les dispositions qui devaient être observées à ce sujet.

On rencontre la suivante allusion à cela, dans une lettre royale émanée de Lisbonne en date du 24 février 1595, et adressée à Mathias de Albukerque: «Les réglements que vous me dites avoir faits et ordonnés en vue du trafic et du commerce des mines de Cuama et de Cofala, ainsi que celui qui a été fait pour la nouvelle douane de Mombaça, ne sont pas venus avec vos lettres comme vous annonciez; c'est pourquoi, s'ils ne viennent pas non plus par les navires qui sont attendus cette année, vous me les enverrez par les premiers en partance; je continue d'examiner ce qui concerne l'exploitation das dites mines, et je vous manderai dans une autre lettre ce qu'il m'aura plu ordonner qu'on fasse à ce sujet.»[1]

Une charte royale donnée à Goa le 13 janvier 1597 établit alors la valeur de l'or qui circulerait dans le Mozambique:

«Et par les présentes, j'ordonne que dès le jour de leur publication, tout l'or en poudre qui servira, dans le Mozambique, à des paiements envers les habitants de ma ville de Goa comme envers ceux de la dite forteresse et tous autres, soit tel qu'il réponde à quatre-vingt quatre séraphins par marc; toute personne dont il aura été prouvé qu'elle a payé en or correspondant à une valeur inférieure, sera punie par la perte de la valeur dudit or ainsi payé, qui sera également réparti entre les ayant-obligation et l'accusateur, et par la condamnation à trois années de déportation à Ceylan; et lorsque quelque personne aura à se plaindre d'un paiement, à elle fait moyennant un or de valeur inférieure à celle que détermine ma présente loi, elle devra requérir par devant l'auditeur, lequel le fera examiner par les personnes de meilleure autorité en cette matière: et l'auditeur, si l'or est reconnu être d'une valeur inférieure à celle prescrite de quatre-vingt quatre séraphins par marc, fera compléter la somme imparfaite, et condamnera le payeur frauduleux aux peines établies dans cette loi; et j'ordonne que les présentes soient publiées dans les lieux publics de la forteresse de Mozambique, qu'elles soient promulguées sur les côtes et enregistrées en l'étude de l'auditeur de ladite forteresse, afin que l'on sache notoirement que telles sont mes volontés, après conseil et avis des juges competents.»[2]

Le séraphin (en portugais: «xer: fim») ou *pardao* valait cinq *tangas* et correspondait à une demi-roupie (*rupia*) de Goa; ainsi la valeur du marc serait de 23$200 réis (110 francs) en monnaie de Goa. Si l'on a égard à la valeur de l'or en notre temps, le marc serait actuellement

---

1 *Archivo oriental*, fascicule iii, pag. 192.
2 Id., pag. 747.

représenté par 800 roupies de Goa, ou 400 roupies de Chiré, soit 1285000 réis (711 francs, 14 centimes).

Nuno da Cunha, qui avait rétabli la tranquillité dans le commerce de l'intérieur, possédait alors le contrat des mines de l'intérieur de Sofala, pour lequel il payait à l'État quarante mille pardaos.

L'activité portugaise était à la veille de se déployer magnifiquement; et, au siècle suivant, l'intérieur du Monomotapa allait être sillonné dans toutes les directions par les missionnaires et par les négociants portugais, qui édifieraient des temples et fonderaient des feiras (foires) dont les ruines étonnent aujourd'hui l'imagination des voyageurs, aux yeux de qui elles surgissent dans les points les plus ignorés de ces régions.

Le 20 janvier 1608, Dom Estevam de Athayde communiquait avoir fait un voyage d'exploration au lieu des mines dans le royaume de Chicova, à 25 lieues de Tete. [1]

Dom Estevam de Athayde, qui était venu courageusement défendre la forteresse de Mozambique contre deux assauts que les hollandais lui avaient faits, avait laissé dans l'intérieur Diogo Simões Madeira, poursuivant l'œuvre préconisée et commencée par Francisco Barreto et par Vasco Fernandes Homem.

En 1614, il s'y trouvait encore, explorant toute cette région de Chedima et Mucaranga; il lançait ainsi les bases solides de notre domination sur le territoire de Monomotapa, où affluaient les marchands portugais, et qui commençait à se couvrir de foires et de forts.

C'est de la même année que date le décret lui ordonnant d'envoyer une partie des gens qui l'accompagnaient garnir la forteresse de Mozambique, tant que n'arriveraient pas les renforts qui étaient attendus du royaume.

Ledit décret, émané du vice-roi de l'Inde, est daté de Goa, du 20 janvier 1614, et porte les termes suivants:

«Dom Jeronimo de Azevedo, etc...: Je fais savoir à tous ceux qui verront le présent décret, que:—Considérant qu'il importe hautement au service de Sa Majesté, et au bien et à la conservation de cet État, que la forteresse de Mozambique soit toujours pourvue de gens susceptibles de la maintenir en sécurité et de la défendre contre tous ennemis, qui l'attaqueraient; que, par suite du grande manque de gens où l'on est actuellement, motivé en partie par la non-arrivée-du Royaume-des navires de l'année dernière, l'on ne peut pas en envoyer maintenant par le navire du trafic; que, passé cette occasion, il n'en est nulle autre où cela se puisse faire, et qu'il ne convient pas que, dans le doute (où l'on est,) que lesdits navires puissent s'y trouver, on laisse de donner aide à cette forteresse;—ayant proposé et traité cette matière en Conseil d'État, et sur son accord et son avis, j'ai résolu que, lesdits navires n'étant pas à Mozambique, on supplée à leur nécessité avec les gens que peut avoir Diogo Simões Madeira, de ceux que Dom Estevão d'Athayde lui laissa de la conquête des mines; et que, de ces

---

[1] L'abbé Francisco de Souza, *Oriente conquistado*, vol. i.

gens, soit aussitôt dirigé sur la forteresse le nombre que son capitaine jugera nécessaire.

«En vertu de quoi j'ordonne au dit Diogo Simões que, lorsque ce décret ou son contenu authentiqué lui aura été présenté, accompagné d'une lettre de João d'Azevedo, capitaine de la forteresse, ou de tout celui qui serait en son lieu, par laquelle avis lui sera donné du nombre qui est nécessaire d'entre les gens restés sous ses ordres,—il les envoie, et les dirige effectivement sur la forteresse, où ils résideront, pour sa défense et sa garde, jusqu'à l'arrivée des navires du royaume: alors ils seront remplacés par les gens venus sur ces navires, et pouvont être retournés à Diogo Simões». [1]

Cette circonstance de demander des renforts à Diogo Madeira en une occasion exceptionnelle, et cette recommandation de ramener à l'intérieur les gens auxiliaires aussitôt qu'arriveraient les navires du royaume, montrent clairement combien était intense ce travail d'installation dans des régions si éloignées de la côte, et combien nombreuses étaient les forces des portugais et de leurs alliés, qui pouvaient détacher des gens pour la côte sans abandonner les points qu'ils occupaient déjà dans le Monomotapa.

Le gouvernement de la métropole entourait cette entreprise de la plus grande sollicitude, et la recommandait constamment au vice-roi de l'Inde.

Nous citerons pour exemple la suivante lettre royale, datée de Lisbonne, du 27 mars 1618:

«Moi le Roi, je fais savoir à vous, mon Vice-Roi ou gouverneur des parties de l'Inde, que dans les navires qui vont maintenant à la faveur de Dieu partir pour ces régions, j'envoie vingt-deux mille *cruzados* en *reales* de huit et de quatre, remis aux maîtres de l'un et de l'autre, avec l'argent des poivres, pour être, avec la plus grande somme que vous pouvez avoir du revenu de cet état employé, en linges et autres choses pour le pourvoiement et le traitement de la conquête des mines du Monomotapa; et comme il est particulièrement de mon plaisir que cet usage se fasse et se transmette à la dite conquête moyennant une personne qu'en mon nom vous choisirez pour intendant de ses finances, et par les ordres de cette personne,—je vous ordonne que le dit argent, avec le plus grand revenu que vous pourrez joindre de cet état, comme j'ai dit, soit affecté au dit usage, et passé au territoire conquis, sous la vigilance du dit intendant des finances; et que, en aucun cas, quelque urgent et forcé qu'il soit, vous ne preniez ni ne fassiez prendre le dit argent, pour être dépensé à aucuns autres effets que celui que je détermine, etc.» [2]

Vers cette époque, les portugais allaient déjà chercher au Butanga de l'or qui circulait dans le Mozambique à cent vingt pardaos pour marc.

Les missionnaires acquéraient dans le Monomotapa une influence toujours croissante. Le prêtre Julio César, invité par l'empereur lui-

---

[1] *Archivo Portuguez Oriental*, fascicule VI, pag. 1009.
[2] Id., pag. 1133.

même, accompagné en 1620 au Zimbaoé l'ambassadeur portugais Gaspar Bocarro. Le missionnaire a laissé un *itinéraire* de ce voyage. [3]

Le Zimbaoé, ou cour de l'empereur, était à l'occident de Tete et presque à la même hauteur; il avait une lieue de circuit. Les portugais mirent quinze jours à franchir l'espace entre les deux peuplades.

Peu de temps après, Dom Nuno Alvares Pereira étant alors capitaine de Sofala et de Mozambique, Manuza, empereur du Monomotapa, cédait les terres à l'entour de Tete et plusieurs autres, en pleine souveraineté, au roi du Portugal.

Par ce traité, daté du 24 mai 1629, il concédait encore un certain territoire à la foire de Luanze, la première que nous avions établie à l'intérieur.

Il s'obligeait aussi à conserver au capitaine portugais de Massapa (autre de nos foires), les terres que le Monomotapa lui accordait coutumièrement. Et il prenait aussi à sa charge le maintien du capitaine et des soldats portugais qui siégeaient dans son Zimbaoé.

Il s'engageait à ne donner aucune terre d'or à aucune personne, de quelque qualité qu'elle fût, pour ne point porter préjudice au négoce et à l'exploitation de la forteresse de Mozambique, et à participer au capitaine portugais de Massapa la découverte de quelque mine nouvelle qu'on rencontrât.

En outre, le Monomotapa considérait le Movanga, qui lui restait en patrimoine, comme reçu du roi de Portugal, dont il se reconnaissait vassal, prêtant hommage de vasselage à tous les capitaines qui seraient préposés à la forteresse de Mozambique. [1]

Les portugais, en toute sécurité, multiplièrent alors le nombre des foires, des temples, des forts, constituant au cours même de ce siècle quelques-unes de leurs riches foires et de leurs villes florissantes, comme nous verrons plus loin.

Auparavant, nous dirons deux mots touchant le Monomotapa, que le Portugal venait de vassaliser.

Les portugais rencontrèrent dans l'Afrique orientale deux grands empires: l'un, au nord du Zambèze, au delà du Macuane, était le Moénémuge, depuis appelé le Maravi; l'autre, au sud, était le Monomotapa.

Celui-ci, composé de divers royaumes, qui, suivant la relation donnée d'eux par Faria e Sousa, atteignaient le nombre de vingt cinq, dont les rois dépendaient de l'empereur, embrassait, à compter de la côte, deux cents cinquante lieues vers l'intérieur. [2]

Un géographe moderne, Thomas Banker, cité par Sebastião Xavier Botelho, dit en parlant de cet état:

«Le Monomotapa est un pays étendu, limité à l'est par le royaume de Sofala, à l'ouest par les montagnes de la Cafrerie, au nord par le

---

[1] *Oriente Conquistado,* loco citato.

[2] Judice Biker, *Collecção de tratados,* vol. ı, pag. 234: *Boletim do Estado da India,* n.° 20, du 15 avril 1864.

[3] *Asia Portugueza,* tome ıı, pag. 601.

fleuve Cuama qui le sépare du Monoémugi, et au sud par le fleuve de de l'*Espirito Santo*. Il est situé entre 41° et 56' de longitude orientale, et 14° et 25' de latitude sud, ayant 960 milles de longueur de l'est à l'ouest, et 660 de largeur du nord au sud. Ce pays est divisé en six provinces ou petits royaumes, qui sont vassaux du Monomotapa, à savoir: le Monomotapa proprement dit, Quiteve, Manica, Inhambane, Inhamur, et Sabia ou Save.» [1]

Mais, sans nous arrêter à la question de son extension et de ses divisions, ce qui est notoire c'est qu'à cette époque-là l'empire du Monomotapa était un état très puissant.

Le nom même du monarque africain attestait son importance et son pouvoir.

«Muene-motapa signifie «Seigneur de tout;» Manamotapa, que nous disons, est une alteration de cette locution», nous dit um missionnaire du temps. [2]

Effectivement, les anciens auteurs écrivent indifféremment Manamotapa, Monomotapa, et parfois Benomotapa,—comme le fait notre grand épique dans une stance où il remémore le trépas du prêtre Gonçalo da Silveira, massacré dans ces régions en l'année 1560:

> Vê do Benomotapa o grande imperio,
> De selvatica gente, negra e nua;
> Onde Gonçalo morte e vituperio
> Padecerá pela Fé sancta sua;
> Nasce por este incognito hemispherio
> O metal, porque mais a gente sua:
> Vê que do lago, d'onde se derrama
> O Nilo, tambem vindo está Cuama. [3]

«Vois le grand empire du Benomotapa, composé d'une gent sauvage, nègre et nue, où Gonçalo, pour sa sainte Foi, endurera le blâme et la mort: au prix de l'effort plus grand, le métal naît dans cette hémisphère inconnue; vois que du lac dont sort le Nil, sort aussi le Cuama.»

João de Barros, Faria e Sousa, le prêtre Francisco de Sousa, et d'autres, nous ont fourni des renseignements circonstanciés sur cet empire; mais aucun d'eux certainement n'est si minutieux ni si complet que le Frère João dos Santos dans son *Ethiopia Oriental*.

Son œuvre, traduite, répandit dans l'Europe les notions les plus claires et les plus exactes touchant l'intérieur de cette région, comprise entre le Bembe et le Zambèze, qu'il connaissait de si près et qu'il avait parcourue pendant beaucoup d'années.

En deux traits il nous présente le grand empire africain:

«Ce royaume de Monomotapa est situé dans les terres qu'on

---

[1] Sebastião Xavier Botelho, *Memoria estatistica dos dominios portuguezes na Africa oriental*, 1837, 2.ª partie, pag. 61.

[2] Frére Antonio da Conceição, *Tratado dos Rios de Cuama*, publié dans le *Chronista de Tissuary*, en 1867.

[3] *Camões, les Lusiades*, chant x, stance 93.

nomme Mocaranga, comme il reste dit, lesquelles firent toutes autrefois, partie de l'empire du Monomotapa, et sont aujourd'hui divisées en quatre royaumes, à savoir: le royaume que possède aujourd'hui le Monomotapa, le royaume de Quiteve, le royaume de Sedanda et le royaume de Chicanga.

«La cause de cette division partit d'un empereur Monomotapa, lequel, ne pouvant gouverner des terres si distantes, en fit gouverneurs trois de ses fils: il envoya l'un d'eux, appelé Quiteve, pour gouverner le royaume qui s'étend le long du fleuve Sofala; un autre, appelé Sedanda, pour gouverner les terres que coupe le fleuve Sabia, lequel se jette dans l'océan Ethiopique, en face des îles Bocicas; et le troisième, appelé Chicanga, pour gouverner les terres de Manica, où il y a de très fécondes mines d'or.

«Ces trois fils gouverneurs, lorsque le père mourut laissant l'empire à un autre fils qui vivait à la cour, se soulevèrent avec les habitants de leurs terres respectives, et ne voulurent plus obéir à ce Monomotapa ni à ses successeurs, alléguant chacun de son côté que l'empire lui revenait. Tel est le motif pour lequel il ne se passe presque pas d'année qu'ils ne guerroient les uns contre les autres. De telle sorte que de ce grand empire du Monomotapa se séparèrent trois royaumes très grands, de beaucoup de vassaux, sans que pour cela le royaume même que possède aujourd'hui le Monomotapa ait laissé d'être beaucoup plus grand que les trois autres réunis. Tous ces cafres sont appelés Mocarangos parce qu'ils parlent tous la langue Mocaranga, si l'on excepte les rivages de ces royaumes, sur quelques-uns desquels on parle des langues différentes, particulièrement la langue Botonga, d'où il suit que l'on désigne par ce nom de Botongas, ces mêmes terres, ainsi que leurs habitants.»

Suivant le même auteur, l'empire s'étendait depuis le royaume de Abutua, dans le haut Zambèze, jusqu'à la mer, en exceptant le royaume de Sofala, qui, depuis son occupation par Anhaya, appartint toujours exclusivement aux portugais.

Les peuples qui habitaient ces pays reçurent le nom de cafres, dérivé de kaffir ou «infidèle», par lequel les maures établis sur la côte désignèrent aux premiers navigateurs les naturels du pays, parce qu'ils ne suivaient pas la loi du khoran.

L'auteur de l'*Ethiopia Oriental* s'étend dans une description si détaillée du pays, de son histoire, de ses us et coutumes et des superstitions de ces peuples, que son ouvrage, le premier qui a informé l'Europe au sujet de l'intérieur du Mozambique, est encore aujourd'hui considéré comme très exact et complet.

Un des auteurs qui se sont le plus adonnés aux études ethnographiques dans l'Afrique du sud, rend hommage à la clarté d'exposition et à la droiture d'observations avec lesquelles il relate les coutumes de ces peuples.

Cet écrivain, cherchant dans la bibliothèque de Graham's Town les œuvres de Valentyn et de La Valliant dont il avait besoin, y rencontra une traduction anglaise de l'*Ethiopia Oriental* du frère João dos Santos.

Il compara les données fournies par l'écrivain portugais avec d'autres obtenues de divers auteurs ou de l'observation personnelle; et il n'hésite pas à dire, par exemple, que le prêtre Santos, en un seul chapitre, jetait plus de lumière sur les coutumes et institutions des cafres, qu'il n'en rencontrait dans 420 pages du *Record*, publié par Moodie en 1687.[1]

Au dix-septième siècle, les terres qui avaient constitué l'ancien empire du Monomotapa étaient divisées en quatre capitaineries.

La première et principale était celle de Senna, dont le capitaine, qui avait le titre de capitaine général des Fleuves (dos Rios) avait sous son autorité les trois autres capitaines.

Suivaient les capitaineries de Quelimane, de Tete et de Sofala.

En avant de Tete commençait le Mocaranga, ou Monomotapa proprement dit, dont la domination avait été réservée à ce souverain, ainsi qu'une espèce d'autorité sur les royaumes de Barue et de Manica.

Dans le Mocaranga, qui embrassait un espace de cent cinquante lieues, tant en largeur qu'en longueur, les portugais avaient aussi leurs capitaines à Dambarare, Ongoë, Luari et Chipuravri, subordonnés à un capitaine général qui résidait à Zimbaoë, ou cour de Monomotapa.

Il y avait aussi un capitaine à Manica.[2]

L'or attirait les traficants, qui parcouraient toutes ces terres couvertes de foires portugaises.

La première était celle de Luanze, à quatre journées au sud de Tete; plus à l'intérieur du Manica étaient établies les foires de Bocuto et de Massapa, et plus au sud encore celles de Massequeça et de Bandire.

Le royaume de Manica était tout entier une mine d'or, mais d'un titre inférieur. De Senna jusque là les traficants avaient sept à neuf journées de chemin dans la direction du sud-ouest. Au delà du Manica il y avait le royame de Maungo, qui confinait avec le grand royaume de Abutua et qui produisait un or excellent.

L'Abutua était célèbre aussi par sa racine médicinale. Luiz Gomes Ferreira, dans son *Erario mineral* (Lisbonne, 1735 — pag. 461 à 463), vante les vertus de la racine de la *butua*, qu'il considère comme une panacée dans beaucoup de maladies, spécialement dans celles du foie.

Selon Faria e Sousa, les nègres de l'Abutua portaient l'or de là à l'autre côte, à Angola[3].

Sisnando Dias Bayão, capitaine général des fleuves de Senna, qui avait connaissance de ce fait, conquit ce royaume, et projeta d'établir la communication entre Angola et le Mozambique.

---

[1] «The portuguese priest has in this single chapter (the forth) of his history of the people of Sofala, whom he calls Kaffers, given us a greater insight into their manners and institutions than find of any one tribe in the 420 pages of the Dutch records which I have been abridging and commenting upon.»

Sutherland, *Memoir respecting the Kaffers Hottentots and Bosjemans of South Africa.* Cape Town, 1845, pag. 230.

[2] L'abbé Manuel Barreto, *Informação do estado e conquista dos Rios de Cuama vulgar e verdadeiramente chamados Rios de Oiro.* écrite en 1667, et publiée par la Société de Géographie de Lisbonne dans son Bulletin n.° 1 de la 4.e série.

[3] *Asia Portugueza*, tome II, pag. 603.

Son projet ne se réalisa point, parce que lors de sa mort l'on abandonna les *chuambos* ou forts qu'il avait établis dans l'Abutua.

Dans le royaume de Manica les portugais possédaient deux autres peuplades: Mabuca et Matuca. C'est dans la première que résidaient le capitaine et le juge de Manica.

Mais c'était dans le Mocaranga que l'or se trouvait en plus grande abondance, et c'est là que s'établirent des foires et des populations considérables.

«Tout le Mocranga est une perpétuelle mine d'or, tandis que dans le Maravi, qui lui est limitrophe de l'autre côté du fleuve, il n'y a pas un seul grain d'or. Les principaux points où l'or se trouve en abondance sont Dambarari, Ongoë, Macança, Maramuca; ayant ce royaume frais, sain, fertile et abondant en or, leurs rois choisirent pour cour ou Zimboé un lieu sec, stérile et morbide, qui rend assez difficile au capitaine général la charge d'assister et de siéger à cette cour. Il doit y avoir quatorze jours de marche de Tete à Dambarari, et vingt du Zimboé à Tete. Dambarari est une noble population et une ville raisonnable, au cœur du Mocranga, et vient à être aussi le cœur de cette conquête.»

Voilà dans quels termes le prêtre Manuel Barreto envisage l'importance de notre principale foire à l'intérieure. Le Frère Antonio da Conceição, dans son *Tratado dos Rios de Cuama*, marque les distances relatives des foires les plus importantes.

Dambarare était à six *diétas* (journées de chemin) du Zimbaoë du Monomotapa.

Cette foire constituait un village; elle avait un couvent de l'ordre dominicain, et était défendue par une forteresse munie de son fossé et de son artillerie. Elle était située au sud du Zumbo, dans l'espace compris entre les fleuves Panhame et Oangua.

A trois journées de Dambarare vers l'orient était la foire de Ongoë. Elle produisait moins d'or que la précédente; toutefois en 1691, peu avant la destruction des foires, l'on y avait trouvé une mine d'or de grande importance.

A trois autres journées de Dambarare, mais vers l'occident, se trouvait Quitamburzive. «Nous avons eu une foire en ce lieu dans des temps plus reculés, et récemment encore quelques indiens y habitaient: mais ils n'en tiraient pas beaucoup d'or parce que cette foire confinait aux terres de Changamira, notre ennemi déclaré, et pourtant il y avait là beaucoup d'or, et beaucoup plus encore à l'occident, dans les terres qui confinent à celles d'Abutua. Peu de jours avant la venue de Changamira à Dambarare, on avait découvert une mine à Quitamburzive.»[1]

Il y avait beaucoup d'autres forts et d'autres foires par tous ces territoires, le long de la frontière de l'Abutua, et le long d'une ligne qui, partant de Tete, irait, par le fort de San Miguel et Monte-Doro, finir à Tati sur le Cacha, laquelle est aujourd'hui tracée par les nombreuses ruines de ces forts.

---

[1] Frère Antonio da Conceição, *Tratado dos Rios de Cuama*, écrit en 1696, et publié dans le *Chronista do Tissuary*, par Cunha Rivara.

C'est à dire que l'action civilisatrice des portugais s'était déployée dans tout le territoire qui s'étend du Zambèze au Limpopo, dont le Cacha est le principal affluent de ce côté-là.

Manuel Barreto a laissé une notice sur le mode et le temps du travail de l'or.

L'or charrié par les fleuves était préféré à l'or des souterrains, que l'on appelait *oiro de bar*.

Le meilleur or de fleuve du Mocaranga était d'Ongoë, du Macança et du fleuve Mocraz. L'or du Maramuca était d'un titre inférieur.

Dans le Mocaranga on ne tirait l'*oiro de bar* que pendant les trois mois d'août, septembre et octobre, époque des pluies modérées, qui fournissaient de l'eau permettant aux mineurs de vanner l'or.

En novembre seulement, les pluies abondantes inondaient les *marondos* ou puits où était lavé l'or.

Il y avait des puits qui donnaient un, deux et trois milliers de lames d'or.

Les cafres ouvraient ces puits ou *marondos* en faisant tout autour un escalier taillé dans le terrain. Ils extrayaient ensuite par pelletées le gravier mêlé d'or qu'ils appelaient *mataca*, ou le quartz aurifère ou pierre d'or, comme le désignaient les marchands portugais, et qu'on fracturait avec des bâtons.

Quand il arrivait une irruption d'eau dans la mine, les travaux s'interrompaient, et l'on passait à ouvrir un autre *marondo*.

L'or coulait en abondance dans ces contrées, les trafiquants des Fleuves étaient opulents, et il semblait que notre domination se dilaterait plus encore dans ces régions de l'Afrique du sud.

Les portugais étaient les seuls qui savaient exploiter le secret de ce continent. Les hollandais de la colonie du Cap, suivant notre exemple, tentèrent à cette époque de chercher l'or dans l'Afrique du sud, mais l'avantage remporté par les portugais dans ces travaux est manifeste, et a été noté par Sutherland.

Il dit que si les hollandais avaient eu connaissance des ouvrages du Frère João dos Santos et des explorations portugaises, ils n'auraient pas entrepris des expéditions qui ont abouti à l'insuccés [1].

Le développement de notre action éprouva néanmoins un obstacle.

Le Brésil attirait à ce moment toutes les attentions de la métropole.

L'état de l'Inde était trop affaibli pour prêter un appui efficace à nos établissements de l'intérieur de l'Afrique.

Une incursion d'un indigène notre ennemi, de Chingamira, détruisit cet état si florissant de notre Afrique orientale.

Dans les espaces qui séparaient Dambarare, Ongoë et Quitamburzive il y avait beaucoup d'autres foires.

---

1 «Had the monk's History been published at an earlier period, or, the Englishman's Commentary published, the Dutch government of the Cape might have been saved a great deal of trouble in their search after the gold mines of Monomotapa. But Van Der Stell's journey into Amaqualand in 1685, might never have been undertaken at all in search of copper or gold mountains.» Sutherland, op. cita¹,)ag. 287.

«Au delà de Quitamburzive, dit le chroniqueur, suivent les terres de Abutua, qui est la source de l'or; l'âge d'or de ces Fleuves fut pour nous le temps où nous avions quelque contrat avec les chefs indigènes. Tout en résultait alors au profit de l'Inde; mais depuis que Thoroë se souleva avec ces terres contre l'empereur de Monomotapa, son suzerain, et que Changamira suivit son exemple, le succès de nos affaires diminua et se vit de plus en plus compromis.» [1]

Changamira obtint de Monomotapa certaines terres dans le Mocaranga, limitrophes de celles d'Abutua que Thoroë occupait alors

Il se mit aussitôt à dévaster les terres de l'Abutua, et, descendant vers le Maongoë ou Maungo entre nos foires de Dambarare et de Massequeça dans le Manica, il s'occupa d'entraver notre commerce.

Le capitaine général de Sena, Caetano de Mello e Castro, réunissant toute la force armée des Fleuves, alla l'y attaquer; mais, après toute une journée de combat, il ne parvint pas à le déloger, et se replia sur Tete.

Dans ces circonstances, Nhacunimbiri, empereur Manomotapa, se croyant menacé par les portugais résidant à Dambarare, poussa secrètement Chingamira à attaquer cette ville.

Les portugais, qui avaient accoutumé de vivre dispersés au dehors, furent facilement surpris le 16 novembre 1693. Quelques-uns purent encore se réfugier dans la maison d'Antonio Rebello, l'habitant le plus riche; mais ils tentèrent inutilement de se défendre, et furent massacrés jusqu'au dernier. Dans ce désastre périrent aussi beaucoup d'habitants de Sena et de Tete, qui étaient allés là pour negocier.

Les habitants d'Ongoë et ceux de Quitamburzive. à la nouvelle de ce qui s'était passé à Dambarare, s'enfuirent vers le Zimbaoé du Monomotapa, où se trouvait, comme de coutume, le capitaine général Manuel Pires Saro avec la garnison portugaise.

Ce capitaine, connaissant alors la part de complice qu'avait eue l'empereur de Monomotapa dans ce désastre, résolut de le tuer; mais, n'ayant pas pu réaliser son dessein, il se retira avec tous les siens vers Tete.

C'est en décembre que la nouvelle de ces événements parvint à Senna, et que le capitaine général des Fleuves, Manuel de Tavora e Sampaio, résolut de mettre fin aux ravages commis par Chingamira.

Mais comme la bataille de Maongoë, à laquelle il avait assisté, lui avait révélé les forces considérables dont disposait ce chef, il s'occupa de demander des auxiliaires à Thomé de Sousa Correia, gouverneur de Mozambique, en même temps qu'il opérait la réunion de toute la cafrerie des habitants de Sena.

Les capitaineries de Quelimane, de Sena et de Tete fournissaient aisément 12.000 cafres d'élite.

Dom Pedro, un neveu de Nhacunimbiri, qui avait été élevé et baptisé par les portugais, instruit de ce qui se passait dans le Mocaranga, sortit des terres de Manica, et vint à Tete, avec son frère Chirimbé et

---

[1] Frère António da Conceição, op. citat.

500 cafres, offrir son appui, pourvu que les portugais prómissent de l'asseoir sur le trône de Monomotapa.

Cependant, on préparait des secours dans l'Inde, où ces nouvelles avaient produit une profonde impression, comme on voit par une lettre du vice-roi de cet état au roi de Portugal, dans laquelle les événements survenus se trouvent relatés.

Voici la teneur de cette lettre, que nous avons copiée de l'archive de Goa:

«Sire: J'ai déjà, par voie de Surrate, rendu compte à Votre Majesté, que Dieu Garde, de la mort du gouverneur de Mossambique, Thomé de Sousa Corrêa; perte considérable pour cet Etat, parce que Votre Magêsté avait en lui un vassal de si haut mérite, qu'il n'en est point d'autre qui l'égale par toutes les Indes, tant pour les bons services qu'il avait rendus à cet Etat dans la charge d'intendant des finances, que pour ceux qu'il a rendus dans la qualité de gouverneur de Mossambique et des Fleuves; et la raison sollicite de la grandeur de Votre Majesté que de tels services soient récompensés dans les personnes de ses fils, qui ont tant perdu en lui.

«Le peuple a élu pour Châtelain, en son remplacement, l'administrateur et grand Alcaïde Francisco Corrêa de Mesquita, guerrier dont j'ai pu apprécier la vaillance durant les six mois que je fus à Mossambique.

«Les Fleuves restaient en état de guerre parce que Chingamira, uni au roi du Monomotapa, s'était armé contre nous; ils avaient déployé de grandes forces dans les terres de Tete, et causé quelque dommage.

«Ensuite, ils s'abattirent sur la foire de Dambarare, dont ils passèrent tous les habitants à la pointe de l'épée, et tuèrent deux religieux dominicains. Tous les gens des autres foires, épouvantés, s'enfuirent, et cette année tout le trafic a été empêché, d'où résultent de grands troubles sur tout le territoire des Fleuves.

«La nouvelle en est parvenue au gouverneur Thomé de Sousa Corrêa huit jours avant sa mort; et le Châtelain qui lui a succédé, moyennant une donation volontairement offerte par les habitants de Mossambique, a envoyé un bon sesours dans un *sibar* et dans une galiote, avec du linge, de la poudre, des balles, et avec une compagnie de 10 hommes munis de leurs armes, de deux pièces du calibre 3, et des autres engins nécessaires.

«Les deux embarcations arrivèrent à bon port, et ces subsides rendirent la vigueur à ces populations, qui se décourageaient déjà.

«Les habitants commencèrent à se joindre à leur cafrerie. Parmi eux, était particulièrement en relief Joseph da Fonçeca Coutinho à qui, considérant son bon service et le besoin que Votre Majesté a de lui dans ces terres, j'avais envoyé la nomination de capitaine général des Fleuves, par les navires de la saison dernière.

«Et par la dernière lettre que j'ai reçue du gouverneur de Senna, il m'est rendu compte de ce que, le 14 juillet, les habitants de Tete étaient sortis avec le prince Dom Pedro pour aller le mettre en possession du royaume de Monomotapa qui lui appartient, et que l'entreprise était en voie de succès, parce qu'ils avaient livré combat aux gens du roi et en avaient tué un grand nombre.

«Et il ajoute qu'ils passaient déjà au delà des terres Inhambauze, qu'ils entraient dans celles du roi et y avaient déjà cheminé deux jours, et qu'ils seraient bientôt près du Zimbaoé, qui est la forteresse où réside le roi Monomotapa; que déjà les principaux des terres d'Inhaparapara, le roi Miumueo, monarque très puissant, et ceux d'autres terres étaient venus prêter hommage de vassaux au prince; que Joseph da Fonçeca Coutinho, ayant reçu ces nouvelles, s'apprêter à aller à leur aide avec toutes ses gens; et que l'on s'attendait à une prompte victoire, riche de conséquences: parce que, ce Prince une fois assis sur le trône, il devenait facile de châtier Chingamira, et les foires et les Fleuves resteraient alors dans un état meilleur qu'auparavant.

«Parce que tout le monde m'écrit uniformement des Fleuves, ce sont les insolences des nôtres qui ont été la cause de ces guerres, parce que ceux qui ont du pouvoir et de nombreux cafres se livrent à de tels excès, que ces Rois et ces Princes, scandalisés, éclatent violemment de cette sorte; et tous demandent un gouvernement dans les Fleuves; et ils disent que, s'il n'y a pas quelqu'un pour dompter et régir ces puissants, tout se perdra.

«Votre Majesté ne possède aujourd'hui dans l'Inde aucune autre chose qui égale les convenances des Fleuves, et il n'est dans tout l'orient, aucun Roi qui possède une domination si utile; c'est de cette possession que dépend totalement l'Etat, et c'est là la base fondamentale de la compagnie. [1]

«Ces conséquences réclament la plus grande attention; et les lameurs des peuplades et la nécessité de guerre m'ont obligé à leur attribuer pour gouverneur Dom Estevão Joseph da Gama, parce que son désintéressement et ses qualités gagneront le respect de ces habitants et leur feront suivre le droit chemin. Et quoique l'ordre exprès de Votre Majesté fût contraire à cette résolution que j'ai prise, l'état où en sont les choses dans le territoire des Fleuves me détermine à croire que Votre Majesté ne s'en étonnera point, et que ce nouvel accident n'était pas prévu dans Son ordre, d'autant que la connaissance de ces événements a porté un grand préjudice aux intérêts de la compagnie. En effet, comme ils voient l'état de guerre, et que les Fleuves sont l'objet de toutes leurs espérances, cette crainte empêchait chez eux l'initiation, et pour les réduire de nouveau il a été nécessaire de leur promettre d'envoyer aux Fleuves un gouvernemen. et de bons secours.

«C'est pourquoi j'ai décidé d'envoyer d'ici ledit Dom Estevão avec une compagnie, qui sortira par le Navire du Royaume.

«Pour Châtelain de Mozambique j'ai nommé Diogo Frz Togeiro,

---

[1] Le vice-roi fait allusion à la compagnie de l'Inde, que, à l'imitation de la compagnie générale du commerce du Brésil, le gouvernement portugais prétendait alors fonder. Le commerce de Mozambique et des Fleuves était inclus dans la sphère d'action de la compagnie de l'Inde. C'est de l'archive du secrétariat du gouvernement de Goa que nous avons copié aussi les conditions de cette compagnie, établies à Lisbonne en février 1693, et tous les documents relatifs à ce sujet.

soldat très valeureux, qui, dans maintes occasions où il s'est trouvé, s'est mis par son attitude au dessus de beaucoup d'autres, de sorte que sa conduite impose son élection à l'approbation de tous. Que Dieu Garde Votre Majesté, etc...—Goa, le 16 octobre 1694.»[1]

Le capitaine de Mozambique, José da Fonseca Coutinho, arriva avec ses gens à Tete. De là, s'étant uni au prétendant Dom Pedro dans les terres de Nhabanzoé et aux cafres de Gocha, il marcha droit sur le Zimbaoé, et en expulsa Nhacunimbiri, sans que Chingamira, qui était campé entre Dambarare et le Zimbaoé, se fût décidé à descendre, pour défendre son maître, les monts de Chiquiziri.

Au mois de mars de 1695 Dom Estevão da Gama pénétrait dans le territoire des Fleuves, mais il mourut à Sena peu de temps après.

Chingamira, qui était alors dans le Maongoé entre Dambarare et Massequeça[2], profita de cette circonstance pour assiéger les terres de Manica, et au commencement de juillet parvenait à Senna la nouvelle de ce que la foire de Massequeça avait été complètement saccagée par lui.

Heureusement ces dévastations cessèrent au mois de janvier suivant, par la mort de Chingamira et l'établissement définitif de Dom Pedro dans ses terres.

Le pouvoir que nous avions exercé dans ces régions s'était sensiblement affaibli; mais les vestiges de l'activité commerciale de nos ancêtres sont restés là, représentés par ces nombreuses ruines de foires et de forts, qui se rencontrent dans le haut Save et le haut Umfuli, le long de l'antique Mucaranga et de la frontière de l'Abutua, et qui s'étendent, par le Macalaca et par le pays qu'occupent aujourd'hui les Matabelles jusqu'aux affluents du Limpopo.

En même temps, les missionnaires, par la fondation de leurs églises, constituaient à côté des forts le noyau même des populations et des villages.

C'est ainsi que depuis Luabo et Quelimane (aux embouchûres du Zambèze) le grand fleuve était bordé de cures et de populations, parmi lesquelles se distinguaient surtout Caya, Senna, Chemba, Marangue, Tete, et enfin Zumbo, où le Frère Pedro da Santissima Trindade erigea la paroisse de Nossa Senhora dos Remedios (N.-D. des Remèdes).

Depuis la mort de Chingamira, le commerce de l'or parut se ranimer.

Parmi les foires où l'on continua à négocier ce métal, les plus importantes étaient encore les premières que nous avions établies à Luanze près du Manzovo, à 35 lieues au sud de Tete, celles de Bocuto et de Massapa.

Dans cette dernière foire, à 50 lieues de Tete et 10 lieues de Bocuto, résidait un capitaine portugais, et était édifiée une église sous l'invocation de Nossa Senhora do Rosario (N.-D. du Rosaire)[3].

---

[1] *Livro das Monções* (Livre des Navigations périodiques): n.° 58, fol. 275.

[2] La distance entre Massequeça (Manica) et la foire de Dambarare était de sept journées de chemin.

[3] *Oriente conquistado*, Lisbonne, 1710.

Le capitaine général Balthazar Manuel Pereira do Lago tenta encore de restaurer la foire de Dambarare en 1769. En 1763 la foire de Zumbo était élevée au rang de village.

Mais le temps des foires était passé, et ces mesures ne parvinrent pas à rendre aux peuplades de ces régions leur antique prospérité.

En 1788, quand un voyageur portugais, qui sortait de Senna, visita les mines de Manica, il constata que l'or était extrait comme autrefois des *marondos* ou puits ouverts à côté des fleuves.

Lorsqu'il y avait des inondations,—auxquelles les gens de Manica donnaient le nom de *mafuçureiras*,—on recueillait toujours double quantité d'or.

De l'autre côté de l'Arangua il y avait un petit fort muni de deux pièces.

La foire de Manica occupait un espace de deux milles de circonférence, entre les fleuves Revui et Mucuromazzi; elle avait une forteresse, et, à l'intérieur de celle-ci, la paroisse de Nossa Senhora do Rosario.

Au dehors de cette forteresse, et pas très loin de la foire, se trouvaient les ruines de deux forts régulièrement construits et bien situés, qu'y avaient élevés les conquérants primitifs. Les portugais extrayaient aussi quelque cuivre des mines de Duma, dans le Macalaca, entre Manica et Monte Doro[1]. Voilà ce qui restait des foires qui avaient étalé leur opulence dans ces régions.

On doit attribuer la décadence et l'abandon de nos foires dans l'intérieur à deux causes principales.

D'abord, la chute de Baçaïm en 1739 aux mains des mahratas, et la perte de la riche province du nord de l'Inde portugaise, qui en fut la conséquence, firent dévier un grand nombre de bras et de capitaux qui avaient l'habitude de s'employer aux foires de l'intérieur du Mozambique.

En second lieu, les mines d'or et les diamants que l'on commençait à rencontrer dans le Brésil, attiraient sur cette contrée toutes les attentions du gouvernement portugais, et faisait dériver vers elle le courant d'émigration qui se portait autrefois vers les richesses de l'orient.

Aujourd'hui, l'attention de l'Europe s'est tournée vers l'Afrique du sud.

Une nation puissante fait des réclamations en vue d'écraser les droits d'une autre nation qui occupe depuis des siècles ces territoires privilégiés.

L'ambition se met au dessus de la justice, oubliant les sacrifices accomplis par le Portugal à travers des centaines d'années, pour christianiser et affranchir de la tutelle arabe les populations d'une énorme extension de territoire.

----

[1] Manuel Galvão da Silva: *Itinéraire des voyages faits sur les terres de Manica.* (Bulletin du conseil d'outre-mer.)

Ceux qui célèbrent ces faits désignent aujourd'hui les machonas sous le nom de «dumas».

Non seulement l'Angleterre prétend avoir des droits sur le Mashona, mais elle en vient même à nier tous droits du Portugal à la région du Chiré et du Nyassa!

Or on doit remarquer que les portugais, en même temps qu'ils trafiquaient au sud du Zambèze, dans ces champs d'or qui soulèvent aujourd'hui tant de jalousie, exerçaient déjà le commerce dans tout le Marave.

Il suffira de rappeler que, déjà en 1667, Manuel Barreto, parlant des Borores, fait allusion au Chiré, qu'il appelle le fleuve Embebe.

«Cette nation, dit-il, s'étend de cinquante lieues de côte vers Mozambique, et de cinquante deux en remontant le fleuve jusqu'au fleuve Embebe ou de Morambara, qui sépare le Bororo du Maravi, et ses eaux se joignent puissantes à celles du Zambèze, à huit lieues au dessous de Senna, par les pieds de la fameuse chaîne des monts Morambara (Morombala).»

Et le même prêtre Barreto nous dit que nos embarcations naviguaient par les vallées de la chaîne, en remontant l'Embebe (Chiré) jusqu'à la cour et au Chuambo de l'Aundo, seconde personne dans l'empire de Maravi.

Le prêtre Francisco de Sousa, dans son *Oriente Conquistado*, nous donne des renseignements sur cette ville, située sur la rive septentrionale du Nyassa. Le prêtre Luiz Mariano, qui avait vu le Nyassa au commencement du xviie siècle, avait observé que ce lac était influencé par les tourmentes du canal de Mozambique, et que, pour les petites embarcations, la navigation y était sûre au temps des bons vents périodiques (monção), à commencer des mois d'avril et mai.

Le prêtre Francisco de Sousa, qui paraît avoir lu la relation de son voyage à la région des Lacs, dit que le royaume de Maravi s'étend entre le lac Maravi (Nyassa) et le Zambèze, et que, en suivant les bords du lac, l'on rencontrait au nord les royaumes de Ruengas et de Massi (Masaï, presque à la hauteur de Mombaça[1].

Et ce n'était pas seulement dans le Marave et le Chiré que les portugais négociaient.

Leur génie aventureux les poussait à pénétrer profondément à l'intérieur du continent noir.

Au xviie siècle les voyages des marchands portugais à l'empire du Muatyanvua (Lunda), étaient fréquents.

Manuel Barreto dit que les Anvuas (Amuuas) restaient au delà du Marave, pour qui remonterait les rives du Zambèze.

Ces peuples étaient redoutés des Maraves, par leur multitude et leur valeur, et l'ivoire y abondait à ce point qu'ils en faisaient des palissades à l'entour de leurs cases.

«Tandis que j'étais à Senna, un certain Antonio Gomes Bragança de Curtarim vint aux Amuuas avec peu de chose; et avec ce peu, il

---

[1] *Oriente conquistado.* — Le prêtre Luiz Mariano, de la Compagnie de Jésus, est celui qui accompagna le capitaine Paulo Rodrigues da Costa dans son voyage d'exploration à l'île de Madagascar en 1613, voyage dont il a laissé une relation, publiée en 1837 par la Société de Géographie de Lisbonne.

réalisa cinquante «bares» d'ivoire, dont il retira un profit de huit cents, et même plus, por cent.» [1]

Quelques années plus tard, ces voyages au Muatyanvua étaient décrits dans les termes suivants par un auteur contemporain:

«On s'achemine vers les Anvuas à travers le district des Mines, en s'appuyant au Zambèze pendant trente journées, après quoi on traverse ce fleuve et l'on fait route à travers le désert, en s'inclinant pendant huit jours vers l'orient, pour arriver à un lieu appelé Uruano, où se fait la plus grande partie du commerce.

«D'autres vont à sept ou huit journées de route plus avant, pour atteindre Angoza, et, plus récemment, il en est qui cheminent au-delà pendant dix ou douze jours encore, pour arriver au Mozimo.

«L'on en rapporte beaucoup d'ivoire, qu'on peut évaluer à deux cents «bares» par an [2], et une assez grande quantité de cuivre. Dans le Mozimo il y a aussi beaucoup d'or, mais nos portugais ne tiennent aucunement à le recueillir, à cause de la grande supériorité de bénéfice qu'ils rencontrent dans l'ivoire, celui-ci abondant à ce point qu'il suffit à un habitant de ces Fleuves de faire deux ou trois voyages de ce trafic pour pouvoir lever fièrement la tête.

«Dans les Anvuas nous n'avons aucune population; nonobstant ce manque d'assurance, les nôtres vont et viennent avec beaucoup de confiance.» [3]

Le souvenir de tous ces faits nous fait passer sous les yeux les rudes efforts de nos ancêtres durant des siècles, pour nous léguer la possession de régions que nous-mêmes avons découvertes, occupées, et gagnées à la civilisation.

Il nous est inutile de parler des modernes explorations portugaises. Celles-là ont leur place dans toutes les mémoires, et leurs chefs ont un renom universel, qui est de stricte justice.

Les braves officiers portugais qui soutiennent aujourd'hui l'honneur du pavillon national dans les régions les plus reculées sont les dignes successeurs de nos héros d'autrefois; ils maintiennent avec noblesse les traditions d'une nation à qui revient la gloire d'avoir découvert et civilisé ces immenses territoires sud-africains.

---

[1] Prêtre Manuel Barreto, op. citat., p. 45.

[2] Le bar, ou bahar, est un poids asiatique qui équivaut à trois cents livres environ.

[3] Frère Antonio da Conceição, *Tratado dos Rios de Cuama*.

Note.—Le présent écrit de notre confrère M. de Paiva e Pona, élaboré à la fin de 1889, comme matériaux pour quelque travail d'autrui, a été publié, en majeure partie, au mois de décembre de la même année dans un journal de Porto.—(*La Rédaction.*)

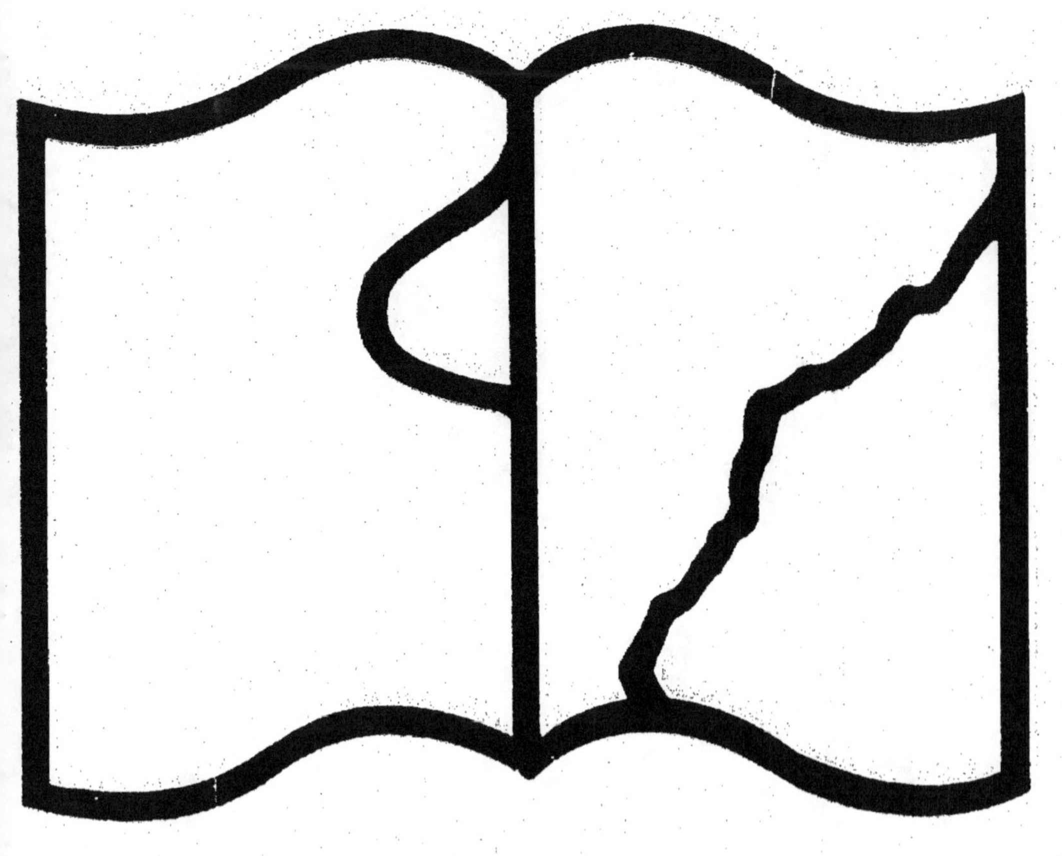

Texte détérioré — reliure défectueuse

NF Z 43-120-11